청소년 일대일 제자양육

청소년 일대일 제자양육 **1권 기초편**

초판 발행 | 2025. 4. 28

편집 | 두란노 편집부
표지 그림 | 홍기두
등록번호 | 제1988-000080호
등록된 곳 | 서울특별시 용산구 서빙고로65길 38
발행처 | 사단법인 두란노서원
영업부 | 2078-3333   FAX | 080-749-3705
출판부 | 2078-3331

책값은 뒤표지에 있습니다.
ISBN 978-89-531-5099-7 03230

독자의 의견을 기다립니다.
tpress@duranno.com   www.duranno.com

이 책의 성경본문은 개역개정 성경을 사용하였습니다.

두란노서원은 바울 사도가 3차 전도여행 때 에베소에서 성령 받은 제자들을 따로 세워 하나님의 말씀으로 양육하던 장소입니다. 사도행전 19장 8-20절의 정신에 따라 첫째 목회자를 돕는 사역과 평신도를 훈련시키는 사역, 둘째 세계선교(TIM)와 문서선교(단행본·잡지) 사역, 셋째 예수문화 및 경배와 찬양 사역, 그리고 가정·상담 사역 등을 감당하고 있습니다. 1980년 12월 22일에 창립된 두란노서원은 주님 오실 때까지 이 사역들을 계속할 것입니다.

청소년
일대일 제자양육

01 기초편

두란노 편집부

모든 성경은 하나님의 감동으로 된 것으로
교훈과 책망과 바르게 함과 의로 교육하기에 유익하니
이는 하나님의 사람으로 온전하게 하며
모든 선한 일을 행할 능력을 갖추게 하려 함이라

_ 딤후 3:16-17

차례

추천의 글 °6

감수자의 글 °8

Ⅰ. 예수 그리스도

- 첫 번째 만남   예수님은 어떤 분입니까? °16
- 두 번째 만남   예수님은 어떤 일을 하셨습니까? °26
- 세 번째 만남   예수님은 지금 무엇을 하고 계십니까? °36
- 네 번째 만남   예수님을 믿으십시오 °44

Ⅱ. QT(Quiet Time)

- 다섯 번째 만남   QT, 하나님과 교제하는 시간 °58

Ⅲ. 구원의 확신과 하나님의 성품

- 여섯 번째 만남   구원의 확신 °76
- 일곱 번째 만남   하나님의 성품 °90

부록   창조신앙(온누리교회 창조과학선교회) °115

추천의 글

일대일 제자양육은 온누리교회의 핵심 사역으로, 모든 직분자가 이수해야 하는 중요한 양육 프로그램입니다. 양육자와 동반자가 일대일로 만나 성경 말씀을 통해 구원의 확신을 얻고 예수님의 제자로 성장시키는 이 사역은 교회를 건강하게 세우는 밑거름이 되고 있습니다.

일대일 제자양육은 교회의 역사와 함께 40년이 되었고, 어느새 이 사역이 담장을 넘어 타 교회와 선교지에까지 가지를 뻗고 열매를 맺으며 귀하게 쓰임 받고 있습니다. 그리고 하나님은 《어린이 일대일 제자양육》을 비롯해 《청소년 일대일 제자양육》과 앞으로 《시니어 일대일 제자양육》까지 세대별 맞춤형 교재를 출간하도록 이끄셨습니다.

《청소년 일대일 제자양육》은 기초편과 성장편, 두 권으로 나누어 출간되어 예수님을 처음 알고 믿게 된 초신자부터 이미 신앙생활을 하고 있는 청소년까지 모두 아우를 수 있습니다. 이 교재를 통해 청소년

들은 그리스도인으로서 정체성을 확고히 하고 부모 세대의 신앙을 유산으로 잘 전수받는 은혜를 경험하게 될 것입니다.

세상은 우리를 거친 물결로 위협하고 거짓 이론으로 미혹하지만 예수님께 삶의 키(key)를 맡기고 그분 중심으로 살아간다면 넉넉히 이길 수 있습니다. 이 교재가 청소년의 신앙 기초를 다지고 그들이 예수님의 인도를 받으며 살도록 하는 데 중요한 역할을 하리라 믿습니다.

이재훈
• 온누리교회 위임 목사

감수자의 글

《일대일 제자양육 성경공부》의 내용을 새롭게 해야 한다는 요구가 오랜 시간 동안 계속 있었습니다. 그러나 너무 방대한 분량이라서 누구도 엄두를 내지 못하는 난제로 남아 있었습니다. 그런데 온누리교회 창립 40주년을 맞이하면서 성령님이 그 일을 하도록 역사하셨습니다. 성령님이 《어린이 일대일 제자양육》 이후 《청소년 일대일 제자양육》 교재를 만들도록 이끌어 가신 것입니다.

《청소년 일대일 제자양육》은 성인용 교재 총 16주(오리엔테이션 포함) 과정을 기초편과 성장편, 두 권으로 나누어 출간하게 되었습니다. 요즘 청소년의 특성을 반영한 것입니다. 그리고 내용 면에서도 많은 변화를 주었습니다. 기존 일대일 교재의 틀은 유지하면서 과마다 내용 전개를 논리에 맞도록 조정했습니다. 부적합하다고 판단되는 질문이나 성경 구절은 삭제하거나 다른 내용으로 교체했습니다.

그리고 청소년의 눈높이에 맞추어 일부 문장들은 이

해하기 쉽게 바꾸었습니다. 주제마다 나눔을 할 수 있는 질문들을 추가했습니다. 암송할 구절은 1, 2권 매 과 한 구절씩, 총 15개를 선택하고 실었습니다. 또한 디자인도 새 옷을 입혔습니다.

《청소년 일대일 제자양육》교재가 출간됨으로써 이제 전 세대가 예수님의 제자로 훈련받을 수 있는 장이 열리게 되었습니다. 이 교재를 통해 청소년이 부모의 신앙 유산을 전수받고, 세상에 선한 영향을 끼치는 믿음의 사람들로 세워질 것입니다.

이기훈

• 온누리교회 일대일 제자양육 총괄 목사

1

예수 그리스도

。첫 번째 만남 예수님은 어떤 분입니까?
。두 번째 만남 예수님은 어떤 일을 하셨습니까?
。세 번째 만남 예수님은 지금 무엇을 하고 계십니까?
。네 번째 만남 예수님을 믿으십시오

예
수

그
리
스
도

혹시 내가 사는 집 근처에 십자가가 몇 개 있는지 세어 본 적 있나요? 언제부터인가 큰길, 골목길, 아파트 단지 내 등 여기저기에 십자가 달린 건물이 들어서기 시작했습니다. 그리고 이제는 우리나라 어디서든 십자가 달린 건물을 볼 수 있지요. 이 건물을 사람들은 '교회'라고 부르고, 바로 이 교회가 기독교라는 종교의 상징이 되었습니다.

우리나라에 교회가 생기기 시작한 때는 약 140년 전인 1880년대입니다. 초창기 교회는 우리나라의 개화와 발전에 많은 도움을 주었고 지금도 사회에 선한 영향을 끼치고 있습니다. 하지만 안타깝게도, 건물은 화려하지만 주위 사람들의 눈살을 찌푸리게 하는 교회도 있습니다. 그러다 보니 그런 교회들을 보고 실망한 사람들이 있고, 결국 그들은 교회로 상징되는 기독교라는 종교에 등을 돌리게 되었답니다.

하지만 그릇에 약간 흠이 있다는 이유로 그릇 안에 든 보물이 무엇인지 알아볼 생각조차 안 한다면 너무 슬픈 일입니다. 특히 그 보물이 한 사람의 인생을 변화시킬 수 있고 나아가 이 사회를 변혁시킬 수 있는 엄청난 것이라면 말입니다!

이 장에서는 바로 그 보물이신 예수 그리스도를 소개합니다. 이 책은 종교 입문서나 위대한 사상을 소개하는 책이 아닙니다. 성경에서 예수님을 어떤 분이라고 말하고 있는지 들여다보세요. 소개를 다 받은 다음에는 예수님과 하나님 나라에 대한 당신의 생각을 정리해 보기 바랍니다. 아마도 이 일은 당신의 인생뿐 아니라 이 사회를 변화시키는 중요한 출발점이 될 것입니다.

예수님은 어떤 분입니까?

이 과의 목표
❶ 예수님이 누구신지 살펴본다.
❷ 예수님의 인성과 신성을 탐구한다.

준비 과제
마태복음 16:16을 암송하기

우리는 처음 만난 사람에게 자연스럽게 묻습니다. "이름이 무엇인가요?" "어디에 사나요?" "무엇을 좋아하나요?" 그리고 점점 더 깊은 대화를 나누다 보면 그 사람이 무슨 생각을 하는지, 성품이 어떤지 알게 되지요. 또 그와 가까운 사람을 통해서도 그에 관해 여러 가지 사실을 알게 됩니다.

예수님을 소개할 때도 마찬가지일 것입니다. 지금까지 당신은 예수님을 어떤 분이라고 생각했습니까? 예수님이 누구시며, 어떤 삶을 사셨는지 궁금했던 적이 있습니까?

사람마다 예수님에 대한 생각이 다를 수 있습니다. 어떤 이는 예수님을 위대한 스승이라 하고, 또 어떤 이는 종교적 인물로만 여깁니다. 그렇다면 예수님에 대한 가장 정확한 정보는 어디에서 찾을 수 있을까요?

예수님이 어떤 분인지를 알기 위해서는 본인의 이야기나 그분과 가장 가까운 사람들의 의견을 들어 보아야 합니다. 예수님은 자신을 소개하면서 "이 성경이 곧 내게 대하여 증언하는 것이니라"(요 5:39)라고 말씀하셨습니다.

그러므로 이제 성경을 펴고 예수님에 대한 예수님 자신의 소개와 여러 사람의 증언을 살펴보겠습니다.

마 16:16
시몬 베드로가 대답하여 이르되 주는 그리스도시요 살아 계신 하나님의 아들이시니이다

1. 예수님의 국적, 출생지 및 성장지는 어디입니까?(마 2:1, 23)

_____

_____

2. 예수님의 출생은 이미 오래전 예언된 일이었습니다. 예수님의 출생은 어떻게 예언되어 있습니까?(미 5:2)

_____

_____

3. 예수님은 어린 시절에 어떻게 성장했습니까?(눅 2:40, 52)

_____

_____

4. 다음 성경에서 예수님이 어떻게 묘사되어 있는지 찾아보세요.

　　1) 마태복음 4:2

　　_____

　　2) 요한복음 4:6

　　_____

　　3) 마가복음 4:38

　　_____

　　4) 요한복음 11:35

　　_____

이러한 예수님의 모습에서 무엇을 느낄 수 있습니까?
_____

예수님은 참 인간으로서 우리가 겪었던 배고픔과 피곤함 그리고 수면 부족의 고통과 애통을 다 경험하신 분입니다. 그래서 그분은 우리의 연약함을 동정해 주십니다. 그러므로 예수님은 가까이하기에 너무 부담스러운 존재가 아니라 오히려 참 좋은 친구로 삼고 동행할 수 있는 분입니다.

5. 히브리서 4:15을 읽어 보세요.
   1) 예수님은 어떤 면에서 우리 인간과 같습니까?
   _____
   2) 예수님은 어떤 면에서 우리 인간과 다릅니까?
   _____

6. 사람들은 예수님을 위대한 성인이라고 말하기도 하고, 기독교의 창시자 또는 예언자라고도 합니다. 충분히 할 수 있는 생각입니다. 그렇다면 예수님은 당신 자신을 어떻게 소개하셨습니까?
   1) 요한복음 10:30
   _____
   2) 요한복음 5:23
   _____
   3) 요한복음 14:9
   _____

앞의 세 구절을 종합해 볼 때 예수님은 당신 자신을 누구라고 소개하셨습니까?

___

7. 본인의 말도 중요하지만 그분 주변에 있던 사람들의 증언 또한 중요합니다. 예수님 곁에 있던 사람들은 예수님을 누구라고 생각했습니까?

   1) 제자들(마 14:33)

   ___

   2) 로마 백부장(마 27:54)

   ___

   3) 도마(요 20:28)

   ___

이 세 부류의 사람들의 증언을 종합해 볼 때 예수님은 어떤 분이십니까?

___

예수님은 죄 없는 인간이시지만 동시에 하나님이십니다. 예수님이 하나님의 아들이라는 표현은 그분은 하나님의 권세와 능력을 가지신 분으로서 곧 하나님이라는 것을 의미합니다. 그렇기 때문에 예수님은 모든 인간과 만물의 주가 되실 수 있습니다.

8. 한번은 예수님이 제자들에게 "사람들이 나를 누구라 하느냐?"라고 물어보셨습니다. 그러자 제자들은 자신들이 들은 대로 예수님을 세례 요한, 엘리야, 예레미야 혹은 선지자 중의 한 사람이라고 말한다고 대답했습니다. 그러자 예수님은 제자들에게 "너희는 나를 누구라 하느냐?"(마 16:15)라고 질문하셨습니다.

그러자 베드로는 어떻게 대답했습니까?(마 16:16)

___

만약 예수님이 당신에게도 똑같은 질문을 하신다면 어떻게 대답하겠습니까? 당신에게 예수님은 어떤 분입니까?

___

† 나눔

오늘 살펴본 내용을 통해서 당신이 새롭게 알게 된 예수님은 어떤 분이신지 당신의 말로 설명해 보세요.

다음 만남에서는 예수님이 하신 일에 대해서 살펴보겠습니다.

예수님은 어떤 일을 하셨습니까?

이 과의 목표
① 예수님의 사역 내용을 살펴본다.
② 예수님의 십자가 죽음의 의미를 배운다.

준비 과제
갈라디아서 2:20을 암송하기

우리 사회에서는 이력서가 반드시 필요합니다. 왜냐하면 이력서를 통해서 자신을 알리기도 하고 타인이 누구인지 알 수도 있기 때문입니다. 이력서를 보면 그 사람의 삶과 일에 관한 많은 내용을 알 수 있습니다.

우리는 첫 번째 만남에서 예수님이 어떤 분이신지 본인의 소개와 주변 사람들의 증언을 통해서 알게 되었습니다. 두 번째 만남에서는 예수님의 이력에 관하여 공부해 보려고 합니다. 지금까지 당신은 예수님이 어떤 일을 하셨다고 알고 있습니까?

예수님은 자신의 삶을 기록으로 남기지 않으셨습니다. 따라서 우리는 예수님과 함께했던 제자들의 기록, 즉 복음서를 통해 그분이 하신 일을 알아볼 수 있습니다. 물론 그들도 예수님이 하신 일을 다 기록하지는 못했습니다(요 21:25). 그러나 꼭 필요한 내용은 네 개의 복음서에 남겼습니다. 이제 그 기록을 찾아가면서 예수님이 하신 일들을 공부하겠습니다.

갈 2:20
내가 그리스도와 함께 십자가에 못 박혔나니 그런즉 이제는 내가 사는 것이 아니요 오직 내 안에 그리스도께서 사시는 것이라 이제 내가 육체 가운데 사는 것은 나를 사랑하사 나를 위하여 자기 자신을 버리신 하나님의 아들을 믿는 믿음 안에서 사는 것이라

1. 세례 요한이 자신의 제자들을 보내 "당신이 우리가 기다리고 있는 메시아입니까?"라고 질문했을 때(마 11:2-4), 예수님은 당신의 사역 내용을 어떻게 설명하셨습니까?(마 11:5-6)

_____
_____

2. 예수님의 제자였던 마태는 예수님의 사역 내용을 어떻게 기록했습니까? (마 4:23)

_____
_____

3. 예수님이 종종 함께 교제하셨던 사람들은 대부분 어떤 부류의 사람들이었습니까?(막 2:15)

_____
_____

✝ 나눔

예수님의 삶과 사역 내용을 보면서 당신의 마음에 와닿는 감동이 있다면 무엇인지 나누어 보세요.

예수님의 사역은 제자들을 가르치시는 것과 복음 전파 그리고 병들고 귀신들린 사람들을 고쳐 주시는 것 등 세 가지로 요약됩니다. 그리고 예수님

은 당시 사회에서 존경받는 지도자들과 어울리기보다는 죄인 취급을 받던 소외된 사람들, 연약한 사람들과 함께 많이 교제하셨습니다. 그리고 예수님이 하신 사역은 이미 구약의 이사야 선지자를 통해서 예언된 말씀을 성취하는 것이었습니다(눅 4:18-19, 사 61:1-2).

4. 예수님은 죄가 없음에도 불구하고 유다의 배신과 빌라도 총독의 불의한 재판 때문에 로마 시대의 최고형인 십자가에서 죽임을 당하셨습니다. 그분의 죽음은 죄인 한 사람의 죽음처럼 보였지만 사실은 큰 의미를 담고 있습니다. 다음의 성경 말씀은 예수님의 죽음의 의미를 어떻게 설명하고 있습니까?

   1) 마가복음 10:45

   _____

   2) 로마서 5:8

   _____

죄인이 벌을 받는 것은 당연한 결과입니다. 그러나 예수님은 당신의 죄 때문에 십자가에서 죽으신 것이 아닙니다. 우리가 지불해야 할 죗값을 대신 갚아 주시기 위하여 죽으셨습니다. 죄는 우리가 지었는데 벌은 예수님이 대신 받으셨습니다. 그렇다면 예수님이 우리를 대신하여 죽으신 이유는 무엇일까요? 그것은 하나님이 우리를 사랑하셨기 때문입니다. 참사랑은 어떤 희생도 감수하는 법입니다.

5. 성경은 예수님이 십자가에서 죽으신 이유가 우리의 죄 때문이라고 기록하고 있습니다. 당신이 생각하는 죄는 무엇입니까? 성경은 죄의 기원과 결과가 무엇이라고 기록하고 있는지 찾아보세요.

   1) 죄의 의미 (요 16:9)

   _____

   2) 죄의 기원 (창 3:6, 롬 5:12)

   _____

   3) 죄의 결과 (롬 6:23)

   _____

   성경에서 말하는 죄란 불신앙입니다. 죄란 하나님을 하나님으로 믿지 않는 것입니다. 그리고 죄는 아담과 하와가 선악과를 따 먹는 불신앙에서 시작되었습니다. 불신앙은 불순종을 낳았고 불순종은 죄를 낳았습니다. 아담 이후 모든 인간은 죄인이 되었으며, 그 결과는 하나님과 관계가 단절되는 사망입니다.

6. 하나님은 죄 때문에 죽어야만 하는 인간에게 살 길을 열어 주셨습니다. 그것이 바로 예수님의 십자가입니다. 예수님의 십자가 희생으로 인간에게 어떤 일이 일어났습니까? (엡 1:7)

   _____

†나눔

예수님이 당신의 죄를 위해서도 십자가에서 죽으셨다는 사실에 대해 어떻게 생각합니까?

7. 십자가에서 흘리신 예수님의 피로 인하여 하나님과 인간의 관계에 어떤 변화가 일어났습니까?(엡 2:13-14)

_____

_____

    십자가에서 예수님이 흘리신 피는 놀라운 능력을 가지고 있습니다. 그 피는 우리의 죄를 사해 주는 능력이 됩니다. 예수님의 보혈로 용서받지 못할 죄는 없습니다. 또한 예수님의 보혈은 하나님과 인간 사이를 막고 있던 담을 허물어 주었습니다. 그 결과 하나님과 인간의 관계가 화목할 수 있게 되었습니다. 그리고 하나님과의 관계 회복은 모든 어그러진 관계가 회복될 수 있는 길을 열어 주었습니다.

    예수님이 하신 일은 무엇인지 당신의 말로 설명해 보세요.

_____

다음 만남에서는 예수님이 지금 무엇을 하고 계시는지 살펴보겠습니다.

예수님은 지금 무엇을 하고 계십니까?

> **이 과의 목표**
> ❶ 예수님의 부활에 대하여 공부한다.
> ❷ 예수님은 지금 무엇을 하고 계신지 알아본다.

> **준비 과제**
> 에베소서 2:8-9을 암송하기

우리는 누군가를 기억할 때, 그가 어떤 삶을 살았는지 떠올립니다. 하지만 시간이 지나면 기억은 희미해지고, 그 사람의 영향력도 점점 줄어듭니다. 그렇다면 예수님은 어떨까요? 예수님의 이야기는 십자가에서의 죽음으로 끝나지 않습니다. 만약 예수님이 십자가에서 죽으신 것으로 끝났다면 우리는 그분을 단순히 위대한 인물로만 기억하게 될 것입니다. 하지만 성경은 예수님이 죽음에서 다시 살아나셨고, 지금도 살아서 역사하고 계신다고 기록하고 있습니다.

예수님의 부활은 전설이 아닙니다. 그분의 부활은 이미 구약 성경에 예언되었습니다(호 6:2, 욘 1:17). 그리고 예수님도 당신의 부활을 예언하셨으며 허다한 사람들이 부활하신 예수님을 만났습니다. 그래서 제자들은 목숨을 걸고 예수님의 부활을 증언했습니다.

이제 성경을 통해 죽음에서 부활하신 예수님이 지금 무엇을 하고 계시는지 살펴보겠습니다.

엡 2:8-9
너희는 그 은혜에 의하여 믿음으로 말미암아 구원을 받았으니 이것은 너희에게서 난 것이 아니요 하나님의 선물이라 행위에서 난 것이 아니니 이는 누구든지 자랑하지 못하게 함이라

1. 예수님은 제자들에게 당신이 죽은 후에 어떤 일이 일어날 것이라고 말씀하셨습니까?(마 16:21)

___

___

2. 예수님의 무덤을 찾아간 막달라 마리아와 다른 마리아는 무엇을 목격했습니까?(마 28:6-7)

___

3. 예수님은 당신이 예언하신 대로 죽음에서 다시 살아나셨습니다. 부활하신 예수님을 만난 사람들은 누구입니까?(고전 15:3-8)

___

예수님은 제자들에게 말씀하신 대로 죽은 지 삼일 만에 살아나셨습니다. 그리고 부활하신 예수님을 만난 사람들은 셀 수 없이 많습니다. 예수님의 부활은 역사적인 사실입니다. 부활에 대한 여러 기록과 허다한 증인들이 그 사실을 뒷받침하고 있습니다.

4. 사도들은 복음을 전할 때 예수님에 관하여 무엇을 강조했습니까?(행 2:32, 4:33)

___

5. 사도 바울은 부활하신 예수님을 어떻게 확신 있게 소개했습니까?(롬 1:4)

_____

6. 만약 예수님의 부활이 역사적인 사실이 아니라면 기독교 신앙은 어떤 문제에 직면하게 될까요?(고전 15:14-19)

_____
_____

7. 부활 신앙은 기독교 신앙에서 매우 중요합니다. 예수님의 부활을 믿는 신앙은 실제 생활에 어떤 영향을 줄 수 있습니까?(롬 6:4)

_____
_____

부활 신앙을 가진 그리스도인들은 믿음으로 주님과 함께 죽고 주님과 함께 사는 경험을 합니다. 그리고 새 생명을 얻은 자로서 삶의 목적과 방향이 예수님 중심으로 고정됩니다. 또한 삶의 여정에서 어떤 고난과 상실과 슬픔을 직면할지라도 부활의 소망을 가지고 능히 이기면서 생활하게 됩니다.

✝ 나눔

예수님은 부활하셨고, 지금도 살아서 역사하고 계십니다. 이제까지 배운 내용을 생각해 볼 때, 예수님의 부활은 당신에게 어떤 의미가 있습니까?

8. 사도행전 1:9-11을 읽으세요. 부활하신 예수님은 어디로 가셨습니까?

_____

9. 에베소서 1:20-23을 읽고 다음의 질문들에 답을 해 보세요.
   1) 예수님은 현재 어느 곳에 계십니까?(20절)

   _____

   2) 예수님이 현재 가지고 계신 것은 무엇입니까?(21절)

   _____

   3) 예수님이 현재 통치하고 계신 것은 무엇입니까?

   _____

예수님은 하늘과 땅의 모든 권세를 가지고 계신 분입니다(마 28:18). 그리고 교회는 물론 우주 만물을 다스리고 계십니다. 예수님은 왕 중의 왕이시며 통치자 중의 통치자이십니다. 모든 만물은 그분의 주권 아래 있습니다. 또한 예수님은 교회의 주인이 되십니다. 그러므로 모든 성도는 그분의 주권 아래 있으며 그분의 뜻에 순종해야 합니다.

✝나눔

당신의 삶에서 예수님의 주권은 어떻게 인정되고 있습니까? 예수님의 부활과 다스리심에 관하여 배운 내용을 당신의 말로 설명해 보세요.

다음 만남에서는 예수님을 믿는다는 것이 무엇인지 살펴보겠습니다.

예수님을 믿으십시오

이 과의 목표
❶ 예수님을 구세주로 영접한다.
❷ 예수님을 믿으면 일어나는 변화를 살펴본다.

준비 과제
로마서 10:9-10을 암송하기

우리는 지금까지 예수님에 관하여 많은 내용을 살펴보았습니다. 예수님은 죄가 없는 인간이시며 하나님이십니다. 예수님은 우리의 죄를 대신하여 십자가에서 죽으시고 부활하셨습니다. 그리고 예수님은 지금 살아 계셔서 하나님과 함께 우주 만물을 다스리고 계십니다.

그런데 예수님을 아는 것과 믿는 것은 다릅니다. 왜냐하면 예수님에 대한 지식이 우리를 구원해 주거나 삶을 변화시키는 것이 아니기 때문입니다. 이전과는 완전히 다른 새로운 삶을 살기 위해서는 예수님을 자신의 구세주로 믿고 영접해야 합니다. 예수님을 믿고 구원을 받아야만 하나님의 세계 안에서 새로운 생활을 할 수 있습니다. 이 과에서는 당신의 일생을 좌우할 도전을 받게 될 것입니다.

롬 10:9-10
네가 만일 네 입으로 예수를 주로 시인하며 또 하나님께서 그를 죽은 자 가운데서 살리신 것을 네 마음에 믿으면 구원을 받으리라 사람이 마음으로 믿어 의에 이르고 입으로 시인하여 구원에 이르느니라

1. 하나님은 당신이 창조하신 세상에 대하여 어떤 생각을 가지고 계십니까?
   (요 3:16)

   _____

   하나님은 사람의 영혼만 사랑하시는 것이 아닙니다. 그분은 온 인류를 사랑하실 뿐 아니라 자연과 우리가 살고 있는 사회도 사랑하십니다.

2. 하나님은 세상을 사랑하셨기 때문에 인간을 죄에서 구원하시기 위하여 독생자 예수 그리스도를 이 세상에 보내 주셨습니다. 이 땅에 오신 예수님이 당신을 위해 하신 일은 무엇입니까?(두 번째와 세 번째 만남을 복습해 보세요.)

   _____

   _____

3. 예수님을 믿고 구원을 받으려면 구체적으로 어떻게 해야 할까요?(롬 10:9-10)
   1) 입 _____
   2) 마음 _____

   예수님을 믿는다는 것은 먼저 자신의 죄를 회개하고(행 2:38) 그분을 자신의 구세주로 영접하는 것입니다(요 1:12). 좀 더 구체적으로 말하면 입으로는 예수님이 자신의 구세주 되심을 시인하고 마음으로는 예수님이 자신의 죄 때문에 죽으시고 부활하셨다는 사실을 믿어야 합니다. 한편 구원은 우리의 노력으로 얻어지는 것이 아닙니다. 우리가 그분을 믿게 된 것마저도 하나님의 은혜로

가능했다는 사실을 잊지 말아야 합니다.

4. 예수님을 믿고 구원을 받으면 개인의 삶에 어떤 변화가 생길까요?(요 5:24)

   1) 현 상태
   _____

   2) 미래에 대한 약속
   _____

   3) 과거의 변화
   _____

5. 한 사람이 예수님을 믿고 구원을 받으면 그 사람 주위에서 어떤 변화가 일어날까요?

   1) 가정(행 16:30-31)
   _____

   2) 이웃(요일 4:11)
   _____

   3) 사회(마 5:13-16)
   _____

구원의 능력은 개인에게만 국한되지 않습니다. 그 사람이 속한 가정과 사회에까지도 영향을 미칩니다. 왜냐하면 하나님은 구원 얻은 사람들을 통해서 그의 가정은 물론 그가 속한 학교와 사회에서 놀라운 일을 행하시기 때

문입니다. 앞으로 하나님이 당신을 통해서 행하실 일은 무엇일까요?

6. 예수님을 믿으면 우리는 하나님과 특별한 관계를 맺게 됩니다. 다음 성경에서 하나님과 우리의 새로운 관계를 어떻게 설명하고 있는지 찾아보세요.
   1) 요한복음 1:12

   2) 베드로전서 2:9

   예수님을 믿고 구원을 얻으면 하나님의 자녀라는 새로운 신분과 하나님의 백성이라는 새로운 국적을 가지고 살게 됩니다. 그리고 새로운 신분과 국적은 우리를 새로운 삶으로 인도해 줍니다. 하나님의 사랑받는 자녀요 백성으로서 많은 특혜를 누리면서 살게 됩니다. 당신은 새롭게 알게 된 영적인 신분과 국적에 대하여 어떻게 생각합니까?

7. 지금까지 예수님에 대하여 많은 것을 공부했습니다. 그동안 배운 내용을 복습해 보겠습니다.
   1) 예수 그리스도는 사람이시며 또한 하나님이십니다.
   2) 예수 그리스도는 이 세상에서 완전한 삶을 사셨으며, 인간의 죄를 대신하여 십자가에서 돌아가셨습니다.
   3) 그러나 예수 그리스도는 다시 살아나셔서 이 세상을 다스리고 계십니다.

4) 예수 그리스도를 믿고 구원을 받으면 하나님의 자녀요 백성으로서 새로운 삶을 살게 됩니다.

이제는 당신이 마음을 결정할 때가 되었습니다. 당신이 알게 된 예수 그리스도를 믿기 원합니까? 당신이 예수 그리스도를 믿기로 결단했다면 이렇게 기도하십시오.

> 하나님 아버지, 저는 죄인입니다.
> 저의 죄를 회개하오니 용서하여 주십시오.
> 예수님께서 저의 죄 때문에 십자가에서 죽으시고
> 부활하신 것을 믿습니다.
> 지금 이 시간 제 마음에 들어오셔서
> 저의 구원자와 주님이 되어 주십시오.
> 예수님의 이름으로 기도합니다.
> 아멘.
> - 《최고의 행복》(두란노)에서 발췌 -

예수님을 믿고 하나님의 자녀가 된 당신을 진심으로 환영합니다. 예수님을 믿고 구원을 받은 것은 당신 생애에서 가장 위대한 사건이 될 것입니다. 지금부터 예수 그리스도의 몸인 교회에 소속되어 지체들과 함께 신앙생활을 하기 바랍니다.

나눔

하나님의 자녀로 새로운 인생을 시작하는 소감을 나누어 보세요.

다음 만남에서는 'QT'에 대해 살펴보겠습니다.

QT(Quiet Time)

。다섯 번째 만남   QT, 하나님과 교제하는 시간

QT, 하나님과 교제하는 시간

이 과의 목표

❶ QT의 의미와 필요성을 인식한다.
❷ QT를 실천하는 방법을 배우고 실습한다.

준비 과제

베드로전서 2:2을 암송하기

1. QT(Quiet Time)란 무엇인가요?

친구와 친해지려면 자주 만나고 이야기하며 시간을 보내야 합니다. 하나님과의 관계도 마찬가지입니다. 예수님을 믿는다고 해서 저절로 하나님과 가까워지는 것은 아닙니다. 하나님과 더 친밀해지려면 매일 하나님과 대화하는 시간이 필요합니다.

이 시간을 QT 또는 경건의 시간이라고 합니다. 예수님과 다윗은 QT하는 사람의 좋은 예를 보여 주었습니다.

벧전 2:2
갓난아기들같이 순전하고 신령한 젖을 사모하라 이는 그로 말미암아 너희로 구원에 이르도록 자라게 하려 함이라

1) 예수님은 하루를 어떻게 보내셨나요?(마 4:23)

예수님의 하루 일과를 볼 때 어떤 느낌이 듭니까?

당신의 하루 중 시간을 많이 사용하는 순서대로 적어 보세요.

2) 예수님이 바쁜 하루 중 가장 중요하게 여기신 것은 무엇인가요?(눅 5:15-16)

당신이 하루 일과 중 가장 중요하게 여기는 것은 무엇인가요?

당신은 아침 시간을 어떻게 보내고 있습니까?

3) 다윗은 하나님과 마음이 통하는 사람이었습니다(행 13:22). 다윗은 매일 아침마다 하나님과 어떻게 교제하는 시간을 가졌나요?

① 시편 5:3

_____

② 시편 143:8

_____

4) 어떤 그리스도인은 성경을 읽고, 성경 공부도 하고, 시간을 내어 기도도 하는데, 그러면 그도 QT를 하고 있는 것인가요?

_____

_____

QT란 말씀과 기도를 통해서 하나님과 개인적으로 교제하는 시간입니다. 말씀과 기도를 통해서 하나님과 인격적인 대화를 나누어야만 진정한 QT라고 할 수 있습니다.

2. 왜 QT를 해야 할까요?

1) 하나님과 친밀한 관계를 위해서

하나님이 우리를 구원하신 목적은 무엇인가요?(고전 1:9)

_____

한번 하나님과 관계를 맺으면 아무도 그 관계를 끊을 수 없지만(롬 8:39), 하나님과 개인적으로 더 친밀해지려면 QT를 해야 합니다.

2) 하나님의 인도와 보호를 받기 위해서
　① 하나님은 우리 삶을 어떻게 인도하십니까?(시 119:105)

　② 하나님께 보호받으려면 어떻게 해야 할까요?(시 119:133)

3) 예수님의 성품을 닮아 가기 위해서

　하나님이 우리를 부르신 목적은 무엇인가요?(롬 8:29)

　매일 말씀을 통해서 하나님을 만나면 나의 성품이 예수님을 닮아 가게 됩니다.

4) 성경적으로 사고하며 생활하기 위해서

　하나님은 우리가 무엇을 분별하며 생활하기를 원하시나요?(롬 12:2)

매일 QT를 하면 자신도 모르는 사이에 성경적 가치관과 세계관을 갖게 되어 모든 일에 대해 하나님의 뜻에 합당한 결론을 내리면서 생활하게 됩니다.

3. QT는 어떻게 하는 것일까?

1) 본문 읽기 : 본문을 읽어요.

2) 묵상하기 : 본문의 내용을 아래의 힌트를 참고하여 묵상해 보세요.
   (하나님은 어떤 분이신가, 회개할 것, 붙잡을 약속, 순종해야 할 명령, 위로와 소망, 등장인물의 언행을 통해서 하나님이 주시는 말씀이 무엇인지 찾아보세요.)

3) 적용하기 : 묵상한 말씀 중 생활 속에서 적용할 것이 무엇인지 결단해 보세요.
   (올바른 적용은 3P, 즉 개인적[Personal], 구체적[Practical], 실현 가능한[Possible] 것이어야 합니다.)

4) 기도하기 : 말씀을 잘 적용할 수 있도록 성령님의 도움을 구하는 기도를 드립니다.

QT를 지속적으로 할 수 있도록 도움을 주는 〈새나〉(SENA)를 소개합니다.

〈새나〉(SENA)를 소개합니다

HOW TO QT

QT란, Quiet Time의 약자로, 조용히 말씀을 통해 하나님을 일대일로 만나는 시간을 의미합니다.

Let's QT

QT, 이렇게 해보세요!

STEP 0
QT 루틴 만들기

말씀에 집중할 수 있는 조용한 장소와 시간을 마련하고 매일 QT하기로 결단합니다. 장소와 시간을 정해두면 QT를 하루 루틴으로 만들기 좋습니다.

STEP 1
기도하기

내 생각이 아닌 성령의 조명하심 아래 QT할 수 있도록 기도합니다.

STEP 2
본문 읽기 ❶

말씀을 적어도 세 번, 천천히 집중해 정독합니다. 첫 번째는 전체적인 내용을 파악하며 읽고, 두 번째는 감동이 오는 말씀에 밑줄을 치며 읽습니다. 세 번째는 밑줄을 친 부분을 중심으로 나를 향한 하나님의 마음을 구하며 읽습니다.

STEP 3
묵상하기 ❷

깨달은 것, 하나님께서 주시는 마음 등을 노트 공간에 기록하며 하나님의 음성에 귀 기울입니다. 말씀을 통해 나 자신을 비춰보고 하나님의 음성을 듣는 시간입니다.

STEP 4
적용하기 ❸

묵상한 말씀을 일상에 적용합니다. 다른 사람이 아닌 나에게, 오늘 바로 실행 가능하도록 구체적으로 정하는 것이 좋습니다.

STEP 5
기도하기 ❹

오늘 묵상한 말씀을 잘 적용할 수 있도록 오늘 하루를 맡겨드리는 기도를 하며 QT를 마무리합니다. 오늘의 기도제목을 〈기도하기〉란에 적고 하루 종일 곱씹으면 좋습니다.

Daily QT

매일매일 다른 sena의 큐티 스타일

질문 큐티(월요일)
질문에 하나씩 답해가며 말씀 속에서 하나님의 뜻을 발견해 보세요.

주석 큐티(수요일)
성경의 배경 지식이나 도움이 되는 정보들이 말씀을 잘 이해하도록 돕습니다.

셀프 큐티(토요일)
본문 해설과 질문 없이 스스로 말씀을 묵상하는 힘을 길러 봅니다.

그림묵상 큐티(화, 목, 금요일)
말씀의 메시지를 표현한 아기자기한 일러스트로 더 깊이 말씀을 묵상해 보세요.

Bible study

공과 교재, 상황에 맞게 골라 쓰세요!

- ②, ③번 공과 교재는 sena 뒷부분 'Bible Study page'에 별도로 분리되어 있습니다.
- 모든 공과의 설교문과 교사 지침서는 isena.com에서 매달 제공됩니다.

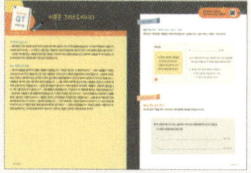

① Sharing QT(주일 본문 중심)
주일에 해당하는 본문을 나누는 공과 교재입니다. 예배 설교문이 별도 제공되며, 설교와 연관된 게임, 활동 등을 통해 놀이하듯 공과를 진행할 수 있습니다.

② Fam Together(공동체 나눔 중심)
공동체 모임을 위한 나눔식 교재입니다. 두란노의 세대별 큐티지인 〈생명의삶〉, 〈예조〉, 〈예나〉와 질문을 통일하여, 가정예배에도 활용하기 좋습니다.

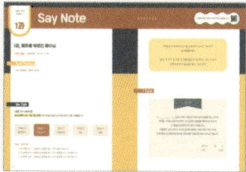

③ Say Note(성경적 가치관 중심)
10가지 핵심 주제를 3년 동안 단계적으로 반복하여 성경적 가치관을 심어주는 공과입니다. 예배 설교문이 별도 제공되며, 나눔 위주로 진행됩니다.

다음 성경 본문으로 QT를 직접 해 보겠습니다(눅 19:1-10).

[1] 예수께서 여리고로 들어가 지나가시더라
[2] 삭개오라 이름하는 자가 있으니 세리장이요 또한 부자라
[3] 그가 예수께서 어떠한 사람인가 하여 보고자 하되 키가 작고 사람이 많아 할 수 없어
[4] 앞으로 달려가서 보기 위하여 돌무화과나무에 올라가니 이는 예수께서 그리로 지나가시게 됨이러라
[5] 예수께서 그곳에 이르사 쳐다보시고 이르시되 삭개오야 속히 내려오라 내가 오늘 네 집에 유하여야 하겠다 하시니
[6] 급히 내려와 즐거워하며 영접하거늘
[7] 뭇사람이 보고 수군거려 이르되 저가 죄인의 집에 유하러 들어갔도다 하더라
[8] 삭개오가 서서 주께 여짜오되 주여 보시옵소서 내 소유의 절반을 가난한 자들에게 주겠사오며 만일 누구의 것을 속여 빼앗은 일이 있으면 네 갑절이나 갚겠나이다
[9] 예수께서 이르시되 오늘 구원이 이 집에 이르렀으니 이 사람도 아브라함의 자손임이로다
[10] 인자가 온 것은 잃어버린 자를 찾아 구원하려 함이니라

이 성경 구절을 읽고 아래 순서대로 적어 보세요.

① 말씀 읽기

_____

_____

② 제목 붙여 보기

_____

_____

③ 묵상하기 (하나님이 내게 주시는 메시지는?)
_____
_____

④ 적용하기 (무엇을 삶에 실천할 것인가?)
_____
_____

⑤ 기도하기
_____
_____

> **✝ 나눔**
>
> 오늘 묵상하고 적용한 내용을 나누어 보세요.

규칙적으로 매일 큐티를 하려면 청소년 큐티지 〈새나〉(SENA)와 〈생명의 삶〉과 같은 큐티책을 활용하면 좋습니다.

다음 만남에서는 '구원의 확신'에 대해 배워 보겠습니다.

전체적인 개요

제자란 그리스도가 다스리시는 삶을 살아가는 사람들입니다. 자신이 삶의 주인이 아니라 예수님을 삶의 주인으로 모시고 살아갑니다. 자신이 원하는 대로 살지 않고 예수님의 인도를 받으면서 사는 사람들입니다. 다시 말하면 자기중심으로 사는 자들이 아니라 예수님을 중심으로 사는 자들입니다.

자신이 운전대를 잡고 원하는 방향으로 나아가던 삶의 방법을 버리고 예수님이 운전하시는 대로 따라가는 것, 이것이 제자훈련의 목표입니다. 삶의 운전대를 주님 손에 맡긴 사람들은 예상치 못한 놀라운 삶의 여정을 걷게 될 것입니다.

전체적인 개요

구분	장	과	암송구절
1권 기초편	Ⅰ. 예수 그리스도	1. 예수님은 어떤 분입니까?	마 16:16
		2. 예수님은 어떤 일을 하셨습니까?	갈 2:20
		3. 예수님은 지금 무엇을 하고 계십니까?	엡 2:8-9
		4. 예수님을 믿으십시오	롬 10:9-10
	Ⅱ. QT(Quiet Time)	5. QT, 하나님과 교제하는 시간	벧전 2:2
	Ⅲ. 구원의 확신과 하나님의 성품	6. 구원의 확신	요 5:24
		7. 하나님의 성품	대상 29:11
	부록	창조신앙	
2권 성장편	Ⅳ. 그리스도인의 생활	8. 성경	딤후 3:16
		9. 기도	빌 4:6-7
		10. 교제	요 13:34-35
		11. 전도	롬 1:16
	Ⅴ. 그리스도가 다스리는 삶	12. 성령 충만한 삶	엡 5:18
		13. 시험을 이기는 삶	고전 10:13
		14. 순종하는 삶	눅 9:23
		15. 사역하는 삶	벧전 2:9

III

구원의 확신과 하나님의 성품

。 여섯 번째 만남 구원의 확신
。 일곱 번째 만남 하나님의 성품

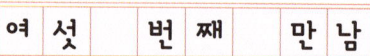

구원의 확신

> **이 과의 목표**
> ❶ 구원의 확신을 점검한다.
> ❷ 구원의 확신의 근거를 찾아본다.

> **준비 과제**
> 요한복음 5:24을 암송하기
> 주일 설교 적기
> 마태복음 1-4장 읽기
> '구원의 확신' 미리 공부하기
> 매일 큐티하기

당신은 예수님을 믿고 하나님의 가족이 되었습니다. 이제 솔직하게 다음 질문들에 답해 보세요.

1. 당신은 예수님을 믿습니까?	○예 ○아니요 ○모르겠음
2. 예수님이 지금 당신 안에 계신가요?(계 3:20)	○예 ○아니요 ○모르겠음
3. 당신의 죄가 용서받았다는 것을 확신하나요?(롬 8:1)	○예 ○아니요 ○모르겠음

4. 이제 하나님의 자녀가 되었나요?(요 1:12)	○예 ○아니요 ○모르겠음
5. 영생을 얻었나요?(요 5:24)	○예 ○아니요 ○모르겠음
6. 구원받았다고 확신하나요?(행 16:31)	○예 ○아니요 ○모르겠음
7. 만약 오늘 밤에 죽는다면, 천국에 갈 거라는 확신이 있나요?(눅 23:42-43)	○예 ○아니요 ○모르겠음
8. 성령을 받았나요?(고전 12:3)	○예 ○아니요 ○모르겠음
9. 당신은 거듭났나요?(요 3:3-5)	○예 ○아니요 ○모르겠음
10. 멸망의 심판을 받지 않을 것을 확신하나요?(요 3:18)	○예 ○아니요 ○모르겠음

만약 대부분의 질문에 "예"라고 답했다면, 당신은 믿음으로 예수님을 받아들이고, 하나님의 사랑과 죄 용서함을 받은 것입니다.

이제 우리는 구원의 확신을 가지는 것이 얼마나 중요한지 살펴보겠습니다. 한 남자 또는 한 여자가 자신의 약혼자가 자기에게 잘 맞는 사람이라는 것을 알고 또 마음으로 그 사람을 사랑할지라도, "배우자가 될 것을 서약합니까?"라는 주례자의 질문에 의지의 행위로 분명하게 "예"라고 서약하기 전까지는 결혼이 성립되지 않습니다. 예수 그리스도와 우리의 관계도 마찬가지입니다.

요 5:24
내가 진실로 진실로 너희에게 이르노니 내 말을 듣고 또 나 보내신 이를 믿는 자는 영생을 얻었고 심판에 이르지 아니하나니 사망에서 생명으로 옮겼느니라 그리스도인이 된 후 갖게 되는 구원의 확신은 지성, 의지, 감정, 세 가지 요소를 통해 확고해집니다.

구원의 확신이란 자신이 구원을 받았다는 사실을 알고 확신을 갖는 것입니다. 그런데 구원은 지적인 이해와 의지적 결단 그리고 그 결과로 나타나는 감정의 변화를 통해서 확신할 수 있습니다.

1. 지적인 이해

그동안 수많은 학자가 예수 그리스도의 존재와 죽음과 부활을 부정하기 위하여 많은 연구와 조사를 했습니다. 그러나 그들이 마지막에 얻은 결론은 "예수 그리스도는 오늘도 살아서 역사하시는 하나님의 아들"이라는 고백이었습니다. 그들 중에는 부활의 증인으로서 활동한 사람도 많았습니다.

예수를 믿으려면 먼저 믿음의 대상이신 예수 그리스도가 누구시며 어떤 일을 하셨는지를 알아야 합니다. 왜냐하면 믿음은 성경 말씀에 근거해야 하기 때문입니다.

성경에 기록되어 있는 예수님에 관한 내용을 찾아보겠습니다.

1) 예수님은 자신을 어떻게 소개하셨나요?(요 10:30, 14:8-9)

2) 예수님 주위에 있던 사람들은 예수님을 어떻게 소개했나요?

① 마태복음 14:33 _____

② 마태복음 27:54 _____

③ 요한복음 20:28 _____

3) 예수님은 이 땅에서 어떤 일을 하셨나요?(행 10:38)

_____

4) 예수님이 십자가에서 죽으신 이유는 무엇인가요?(막 10:45, 롬 5:8)

_____

5) 지금 예수님은 어디에서 무엇을 하고 계실까요?(마 16:21, 엡 1:20-23)

_____

✝ 나눔

예수님은 누구신지 당신의 말로 고백해 보세요.

2. 의지적인 결단

구원을 얻는 첫 단계는 예수님이 누구신지 아는 것입니다. 그리고 그분을 믿고 구원을 받으려면 의지적인 결단이 필요합니다. 이것이 두 번째 단계입니다. 예수님이 나의 주인이시며 구세주 되심을 믿어야 구원을 받을 수 있습니다. 그리고 의지적인 결단의 핵심은 믿음입니다.

믿음이란 주님이 주시는 구원이라는 선물을 손을 내밀어 받는 것과 같습니다.

1) 예수님은 젊은 부자 관리에게 어떤 결단을 요구하셨나요?(눅 18:22)
_____
_____

2) 예수님을 만난 거지 맹인은 어떤 신앙의 의지를 표현했나요?(눅 18:39, 41)
_____
_____

🕂 나눔

당신은 예수님을 믿을 때 의지적으로 결단을 내렸습니까?

3. 감정적인 체험

사람에게는 감정이 있기 때문에 복음을 듣고 예수님에 대한 사실을 '알고' 그분을 '믿게' 되는 '과정'에는 반드시 감정의 반응이 따릅니다. 그러나 느끼는 감정은 사람마다 다르다는 것을 기억할 필요가 있습니다.

1) 베드로와 스데반의 설교를 들은 사람들은 감정적으로 어떻게 반응했나요?

   ① 베드로의 설교를 들은 사람들은 어떻게 반응했나요?(행 2:37)

   ② 스데반의 설교를 들은 사람들은 어떻게 반응했나요?(행 7:54)

2) 바울과 디모데는 예수님을 믿을 때 각각 어떤 경험을 했나요?

   ① 바울은 예수님을 만났을 때 어떤 경험을 했나요?(행 22:6-10)

   ② 디모데는 어떻게 예수님을 믿게 되었나요?(딤후 1:5)

성격이나 성장 배경에 따라서 감정적인 반응은 사람마다 다르게 나타납니다. 그렇기 때문에 구원의 확신을 감정에 근거하여 가질 필요는 없습니다. 구원의 확신은 믿음에 근거하는 것이며 그 믿음은 말씀에 근거합니다. 그리고 감정은 말씀과 믿음의 결과로 나타나는 것입니다.

다음의 그림에서 이 사실을 명확하게 확인할 수 있습니다.

- ◆ 예수님을 알았습니다 : 지적인 이해
- ◆ 예수님을 믿었습니다 : 의지적 결단
- ◆ 감정을 경험합니다 : 감정적 체험

† 나눔

당신이 가지고 있는 구원의 확신을 당신의 말로 설명해 보세요.

4. 구원의 확신을 갖게 해 주는 세 가지 증거

하나님은 당신이 그리스도인이 되었다는 사실을 세 가지로 증거해 주셨습니다.

1) 하나님의 약속(말씀)

   구원의 확신은 하나님의 말씀의 권위에 근거하고 있습니다(요 1:12, 3:16).

2) 성령의 내적 증거

   우리 안에 계신 성령께서 우리가 하나님의 자녀임을 증명합니다(롬 8:16, 엡 1:13).

3) 변화된 삶

   거듭난 그리스도인이 되었다는 가장 중요한 증거는 당신의 삶이 변화된 것입니다(고전 12:3, 빌 3:7-9).

"구원의 확신이 있습니까?"라는 질문에 이제는 "네, 확신합니다"라고 대답할 수 있습니까? 구원은 감정을 표현하는 것이 아니라 하나님의 약속을 믿음으로 확신하는 것입니다.

당신이 예수님을 믿는다면, 하나님은 절대 당신을 버리지 않으십니다. 구원의 확신을 가지고 담대하게 살아가세요.

다음 만남에서는 '하나님의 성품'에 대해 배워 보겠습니다.

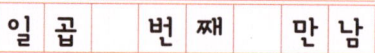

하나님의 성품

이 과의 목표
❶ 하나님의 성품을 이해한다.
❷ 삼위일체 하나님에 관하여 배운다.

준비 과제
역대상 29:11을 암송하기
주일 설교 적기
요한복음 1-7장 읽기
'하나님의 성품' 미리 공부하기
매일 큐티하기

하나님이 어떤 분이신지 아는 것은 매우 중요합니다. 왜냐하면 하나님과 그분의 성품을 올바로 알아야 올바른 믿음을 가질 수 있기 때문입니다. 세상에는 하나님을 모르면서 무조건 불신하는 사람들이 많습니다.

믿음의 대상이신 하나님을 모르면 자신은 물론 주위에서 일어나는 일들을 이해하기 어려우며 신앙생활도 자기중심으로 하는 위험에 빠질 수 있습니다.

그래서 호세아 선지자는 우리가 힘써 여호와를 알아야 한다고(호 6:3, 6) 강조했습니다. 하나님을 바로 알아야만 신앙생활을 올바로 할 수 있습니다. 친구를 알면 더 친해질 수 있듯이 하나님을 바로 알면 그분과의 관계도 친밀해질 뿐만 아니라 우리의 믿음도 더 견고해질 수 있습니다.

대상 29:11
여호와여 위대하심과 권능과 영광과 승리와 위엄이 다 주께 속하였사오니 천지에 있는 것이 다 주의 것이로소이다 여호와여 주권도 주께 속하였사오니 주는 높으사 만물의 머리이심이니이다

1. 하나님께만 있는 성품(비공유적 성품)

하나님은 그분만의 고유한 성품을 가지신 분입니다. 하나님은 창조된 피조물에게는 없는 비공유적 성품을 가지셨습니다. 이러한 하나님의 성품을 아는 것은 믿음의 세계를 넓힐 뿐 아니라 신앙생활에 많은 유익을 줍니다.

1) 하나님은 창조주입니다.
   ① 성경은 우리가 살고 있는 이 세상이 어떻게 창조되었다고 기록하고 있습니까?(창 1:1)

   _____

   우주 만물은 우연히 어떤 생물이 진화되어 생겨난 것이 아닙니다. 하나님의 말씀으로 창조되었습니다. 그분의 영원하신 능력과 신성이 창조하신 만물에 분명히 드러나 있습니다(롬 1:20). 그러므로 하나님이 창조하신 세상을 보면서 그분을 찬양하는 것은 신앙인의 마땅한 도리입니다.

   ② 하나님은 사람을 어떻게 창조하셨습니까?(창 1:26-27)

   _____

   사람은 어떤 동물로부터 진화된 존재가 아닙니다. 하나님의 형상대로 지음을 받은 존재입니다. 그러므로 어떤 조건 때문에 사람을 업신여기거나 차별하는 것은 하나님의 뜻을 거스르는 행위입니다. 사람은 존재만으로도 소중합니다.

③ 하나님은 처음 사람 아담과 하와에게 어떤 사명을 주셨습니까?(창 1:28)

_____

_____

결혼은 남자와 여자가 하는 것입니다. 남자와 여자가 결혼을 하여 자녀를 낳는 것은 생육하고 번성하라는 하나님의 뜻을 실행하는 것입니다. 그리고 환경을 잘 관리하는 것도 그분이 주신 사명을 실천하는 것임을 기억할 필요가 있습니다.

┿나눔

사람이 하나님의 형상대로 창조되었다는 사실과 생육하고 번성하며 만물을 잘 관리하는 것이 하나님이 주신 사명이라는 것을 알 때 사람과 결혼 그리고 환경에 대하여 어떤 태도를 취해야 할까요?

2) 하나님은 주권자입니다.

하나님은 우주 만물을 창조만 하신 것이 아닙니다. 그분은 우주의 최고 통치자로서 모든 것을 다스리고 계십니다. 모든 것이 하나님의 주권 아래 있습니다. 성경은 하나님의 주권을 어떻게 설명하고 있습니까?(롬 11:36)

_____

_____

나눔

하나님이 주권자라는 사실을 알 때 당신이 살고 있는 세상과 당신 인생에 대하여 어떤 태도를 갖게 됩니까?

3) 하나님은 영원 불변하십니다.

하나님이 존재하지 않으시던 때는 결코 없습니다. 그분은 시작도 끝도 없는 분입니다. 그리고 시간의 제약을 받지 않으십니다. 하나님은 항상 과거와 현재 그리고 미래에도 살아서 역사하시는 분입니다. 또한 하나님은 사람이나 피조물처럼 변하지 않으시는 분입니다.

① 성경은 하나님의 영원하심을 어떻게 기록하고 있습니까?(시 90:1-2, 딤전 1:17)

_____

② 성경은 불변하시는 하나님을 어떻게 기록하고 있습니까?(시 102:27, 말 3:6)

_____

나눔

과거에 역사하신 하나님이 오늘은 물론 내일도 변함없이 역사하실 것이라는 사실은 어떤 영적 유익을 줍니까?

4) 하나님은 전지전능하십니다.

하나님은 스스로 존재하시는 분으로서 능력이 무한하십니다. 그리고 그 능력으로 만물을 창조하시고 다스리시며 믿는 사람들을 구원하십니다. 그분은 못 하시는 것도 없으며 모르시는 것도 없습니다. 그분의 통찰력은 말로 설명할 수 없습니다.

① 성경은 전능하신 하나님을 어떻게 설명하고 있습니까?(시 147:5)

_____

_____

🕇 나눔

하나님의 전능하신 능력을 믿는 것은 일상생활에서 어떤 유익을 줍니까?

② 성경은 전지하신 하나님을 어떻게 설명합니까?(시 94:11, 요일 3:20)

_____

_____

🕇 나눔

하나님이 당신에 대해 모든 것을 아신다는 사실은 일상생활에서 어떤 태도를 갖게 합니까?

5) 하나님은 모든 곳에 계십니다.

하나님은 시간과 공간을 초월하십니다. 그분에게 시간과 공간은 의미가 없습니다. 그러므로 하나님을 피해 숨을 수 있다고 생각하는 것은 어리석습니다. 하나님은 우주 만물에 충만하게 임재하고 계십니다.

성경은 어디에나 계신 하나님을 어떻게 설명합니까?(렘 23:24, 시 139:7-8)

___

🕇 나눔
하나님이 어디에나 계시다는 사실은 경건생활에 어떤 유익을 줍니까?

2. 하나님과 사람 모두가 가질 수 있는 성품(공유적 성품)

사람이 하나님의 형상을 따라 창조되었다는 것은 하나님의 인격과 그분의 성품 중에 일부가 선물로 주어졌다는 것을 의미합니다. 인격은 하나님과 우리가 교제할 수 있는 통로가 됩니다. 그리고 성품은 우리가 하나님을 닮아 가는 통로가 됩니다.

1) 하나님은 사랑이십니다.

하나님의 대표적인 성품은 사랑입니다(요일 4:8). 사랑은 하나님의 상징입니다. 그런데 하나님의 사랑은 인간의 사랑과 많이 다릅니다. 하나님의 사랑은 조건과 이유가 없습니다. 그분은 우리가 죄인임에도 불구하

고 사랑하시는 분입니다. 십자가는 인간을 향한 하나님의 사랑을 증거해 줍니다.

하나님은 우리에 대한 사랑을 어떻게 보여 주셨습니까? 그 사랑의 특징은 무엇입니까?(롬 5:8)

🕂 나눔

하나님이 사랑이시라는 사실은 당신에게 어떤 영적 유익을 주나요? 하나님의 무조건적 사랑을 받은 당신이 해야 할 일은 무엇입니까?(요일 3:16)

2) 하나님은 신실하십니다.

하나님은 매사에 신실하신 분입니다. 그래서 그분을 믿고 의지하고 따르는 일에는 낭패가 없습니다. 하나님에게는 거짓이 없습니다. 그분은 사랑하는 자녀들에게 약속하신 일을 반드시 행하시는 분입니다. 하나님에게는 불성실이란 없습니다. 그분은 계획하신 모든 일을 성실하게 행하십니다. 그래서 우리는 하나님을 100% 신뢰할 수 있습니다.

사도 바울은 하나님의 신실하심을 어떻게 설명했습니까?(딤후 2:13, 딛 1:2)

🕆 **나눔**

하나님의 신실하심이 당신에게 주는 영적 유익은 무엇인가요? 하나님의 신실하심을 닮기 위하여 그리스도인은 어떻게 생활해야 합니까? (엡 4:25)

3) 하나님은 의로우십니다.

하나님은 완전하신 분이기 때문에 행하시는 모든 일이 의롭습니다. 그분에게 불의함은 찾아볼 수 없습니다. 불공평도 없습니다. 하나님은 모든 일을 공명정대하게 행하십니다. 그분의 의로우심은 예수님의 십자가가 잘 보여 줍니다. 하나님이 친히 인간이 되셔서 십자가에서 인간의 죗값을 대신 지불하기 위하여 죽으신 것은 의로우심의 극치입니다.

성경은 하나님의 의로우심을 어떻게 설명하고 있습니까? (신 32:4)

_____

_____

🕆 **나눔**

하나님의 의로우심이 당신에게 주는 영적 유익은 무엇인가요? 당신이 의로우신 하나님의 백성이 되기 위해 해야 할 일은 무엇인가요? (미 6:8)

4) 하나님은 선하십니다.

"God is good all the time, and all the time, God is good."(하나님은 항상 선하십니다.) 하나님은 선하신 분이기 때문에 그분이 하시는 모든 일의 동기와 과정 그리고 목적도 선합니다. 그분에게 악의는 전혀 없습니다. 심지어 하나님은 성도들의 불신앙과 불순종 때문에 징계를 내리실 때도 항상 선하신 뜻을 담고 행하시는 분입니다.

시편 기자는 하나님의 선하심을 어떻게 찬양하고 있습니까?(시 100:5, 136:1)

_____

_____

✝ 나눔

하나님은 선하신 분이라는 사실은 당신에게 어떤 영적 유익을 주나요? 하나님의 성품을 본받은 그리스도인은 선에 대하여 어떤 태도를 가져야 할까요?(갈 6:9-10)

5) 하나님은 긍휼이 풍성하십니다.

죄의 값으로 멸망을 당해야 할 우리가 예수님을 믿음으로 구원을 얻게 된 것은 하나님의 긍휼하심 때문입니다. 하나님은 죄의 문제를 스스로 해결할 수 없는 인간의 연약함을 아시고 예수님의 십자가를 통해서 죽음에서 생명으로 나아가는 길을 열어 주셨습니다. 하나님은 언제나 긍휼의 마음으로 우리를 사랑해 주십니다.

성경은 하나님의 긍휼을 어떻게 설명하고 있습니까?(시 103:8, 엡 2:4-5)

✝ 나눔

하나님은 긍휼이 풍성하신 분이라는 사실은 당신에게 어떤 영적 유익을 주나요?
하나님의 긍휼하심을 입고 사는 우리는 어떻게 생활해야 할까요?(눅 6:36)
당신이 새롭게 알게 된 하나님의 성품이 무엇인지 고백해 보세요.

3. 삼위일체

우리는 자연 만물을 통해서도 어느 정도 하나님의 존재를 알 수 있습니다(롬 1:19). 그러나 그것만으로는 충분하지 않습니다. 예수님은 하나님을 알기 위해서는 예수 그리스도 자신을 알아야 한다고 가르쳐 주셨습니다(요 14:7). 그리고 그 예수님을 우리에게 알려 주시는 분은 성령님입니다(요 16:14). 그러므로 하나님을 알기 위해서는 성부, 성자, 성령, 이 세 분을 알아야 합니다.

"세 분인데, 한 분!" 삼위일체(Trinity)라는 말은 "세 위격(인격)"이 있지만, 본질은 "한 분"이라는 뜻입니다.

1) 예수님은 자신과 하나님 아버지에 대해 어떻게 말씀하셨나요?(요 10:30)

그런데 예수님은 자신과 하나님 아버지를 분명히 구분하셨습니다(요 5:19, 30).

_____

예수님은 하나님과 같은 분일까요, 다른 분일까요?

_____

2) 성령님을 속이는 것은 곧 누구를 속이는 것이라고 하나요?(행 5:3-4)

_____
_____

그런데 성령님을 보내시는 분은 누구일까요?(요 14:16)

_____

성령님은 하나님과 같은 위치에 계시면서도 하나님과 구별되시는 분입니다.

3) 성령님을 또 다른 말로 뭐라고 부르나요?(요 16:7)

_____

사도 바울은 성령님을 그 아들의 영이라고 표현했고, 우리는 하나님을 아빠 아버지라고 부를 수 있게 되었다고 했습니다(갈 4:6).

성령님이 우리 마음에 오셔서 자기 영광보다 그리스도의 영광을 나타내신다고 하는 것으로 보아, 성령님과 예수 그리스도는 구별이 되시기도 합니다(요 16:14).

성령님과 예수님은 분명히 다른 분이지만, 서로 연결되어 있습니다.

- ◆ 성부 하나님 → 죄인인 인간의 구원을 계획하신 하나님 (창조주)
- ◆ 성자 예수님 → 인간 구원 계획을 실행하시려 인간으로 오신 하나님 (구원자)
- ◆ 성령 하나님 → 예수님이 이루어 놓으신 구원을 성취하시는 하나님 (보혜사)

그러므로 너희는 가서 모든 민족을 제자로 삼아 아버지와 아들과 성령의 이름으로 세례를 베풀고(마 28:19).

결론적으로 성부, 성자, 성령, 세 분은 한 분이시며, 동등한 권능과 영광을 가지고 계십니다. 우리가 삼위일체 되신 하나님을 믿을 때, 다른 종교나 철학에서 말하는 신들과 구별해서 성경이 말하는 하나님을 올바르게 믿을 수 있습니다.

창조신앙

서론

인간은 하나님의 영광을 위해 하나님의 형상대로 창조된 위대한 존재입니다. 또한 각자의 얼굴과 유전 정보가 다른 것은 각자마다 독특한 하나님의 계획에 따라 창조되었기 때문입니다. 그러나 학교에서 진리처럼 가르치는 진화론은 사람이 물질로부터, 동물로부터 진화된 존재라고 주장합니다. 학교에서는 사람을 '별에서 온 우리'라고 멋진 것처럼 표현하지만 결국 물질에 불과한 존재라고 가르치고 있습니다. 또한 생태계를 파괴하는 지구의 기생충 같은 존재라고 스스로를 혐오하기도 합니다.

물질로부터 생명체가 나왔고 인간도 진화되었다는 진화론의 주장에 과학적 증거가 있을까요? 지금도 관찰되고 있는 사실일까요? 절대로 그렇지 않습니다. 생명체의 복잡한 구조, 다양한 기능, 엄청난 양의 정보 시스템은 물질이 저절로 모여서 만들어질 수 없습니다. 또한 생명체의 놀라운 설계도가 저절로 변해서 다른 생명체가 되는 일도 가능하지 않습니다. 오직 하나님이 종류

대로 창조하신 생명체들이 그 종류 내에서 다양해질 뿐입니다. 진화의 증거라고 주장하는 것은 거짓이거나 잘못된 해석이거나 종류 내 다양성뿐입니다.

과학적 증거가 없음에도 진화론만이 과학적 사실이라고 주장하는 이유는 창조주 하나님의 존재를 부인하면 다른 선택 사항이 없기 때문입니다. 다시 말하면, 진화론을 주장하는 것은 창조주 하나님을 대신하는 다른 것을 만들어야 했기 때문입니다. 하나님이 이 모든 만물을 창조하셨다고 믿는다면 모든 만물의 주인 되신 하나님을 인정하고 경배드리는 것이 마땅합니다. 많은 사람은 "창조주 하나님이 계시다"는 것은 종교적인 주장일 뿐 과학적이지 않다고 주장합니다. 그러나 하나님의 창조는 종교나 과학을 뛰어넘는 엄연한 사실입니다.

Q&A

Q1. 하나님이 이 모든 세상을 창조하셨다고요? 그걸 어떻게 알아요?(창 1:1, 롬 1:20)

답 ...... 첫 번째로는 성경을 통해 알 수 있습니다.

> 태초에 하나님이 천지를 창조하시니라(창 1:1).

하나님의 창조는 아무것도 없는 것에서 초월적으로 모든 것이 창조된 것입니

다. 그래서 하나님은 만물의 시작이십니다. 시간도 공간도 물질도 우주도 모두 하나님으로부터 시작되었습니다. 그래서 성경은 하나님을 창조주라고 표현하고 있습니다.

두 번째로 하나님이 만드신 피조 세계를 보고 알 수 있습니다.

> 창세로부터 그의 보이지 아니하는 것들 곧 그의 영원하신 능력과 신성이 그가 만드신 만물에 분명히 보여 알려졌나니 그러므로 그들이 핑계하지 못할지니라(롬 1:20).

이 말씀처럼 우주, 물질, 생명체 등 모든 만물은 하나님의 지혜와 능력이 개입되어 놀라운 질서와 설계, 아름다움을 보이고 있습니다. 따라서 이 세상에 살면서, 하나님이 창조하신 것들을 보고 누리면서 그것을 만드신 하나님을 모른다고 할 수 없습니다.

해설 세상의 시작에 대하여 다른 종교나 문화, 과학에서조차 모두 어떤 것이 있었는데 변화되어 지금의 모습이 된 것이라고 주장합니다. 그러나 성경만이 하나님이 모든 것이 없는 데에서 말씀으로 창조하셨다고 선포하고 있습니다. 시간, 공간이 없다는 것은 우리가 이해할 수도, 생각할 수도 없는 개념입니다. 즉 창세기 1장 1절 말씀은 사람의 생각에서 나올 수 없는, 오직 창조하신 하나님만이 하실 수 있는 말씀입니다.

피조 세계를 통해 하나님의 능력과 신성을 알 수 있다는 것은 생명체든 물질의 질서든 모든 것에 하나님의 솜씨가 나타나 있다는 것입니다. 우주를 예로 들어 설명하겠습니다. 우주가 확장되고 있다는 것과 놀라운 질서를 가지고 있다는 것은 누구나 알고 있습니다. 그런데 이런 우주가 빅뱅에 의해 우연히 만들어졌다는 이론만이 과학적으로 타당한 것으로 많은 사람이 오해하고 있습니다. 빅뱅 이론은 다양한 우주 이론의 하나일 뿐이며 새로운 관찰들로 빅뱅 이론 자체가 계속 변화되고 있습니다.

또한 한 번의 빅뱅에 의해 우주의 질서가 만들어지고, 지구에 생명체와 사람이 살 수 있는 놀라운 환경이 우연히 만들어진 것은 불가능하다고 많은 과학자가 생각합니다. 그래서 무수히 많은 우주가 만들어지는 가운데, 지금 우리의 우주는 무한대의 우주 중에 하나일 뿐이라는 다중우주론이 유행하고 있습니다. 그러나 다중우주론은 증명할 수 없는 가설에 불과합니다.

이처럼 현대 우주 이론들은 우주의 시작은 물론 현재의 우주 모습도 제대로 설명하지 못하고 있습니다. 오직 하나님의 초월적 창조만이 우주의 시작과 확장, 그리고 우주의 질서 모두를 완벽하게 설명할 수 있습니다.

Q2. 하나님은 사람을 어떤 존재로 창조하셨나요?(창 1:26)

답...... 사람은 하나님의 모양과 형상을 따라 지음 받은 존귀한 존재입니

다. 하나님의 성품을 가지고 하나님의 뜻과 목적을 드러내기 위해 창조된 사람은 하나님의 대리자로서 모든 생명이 풍성함을 누릴 수 있도록 도와야 합니다. 그러므로 우리는 하나님의 성품으로 하나님이 창조하신 자연 세계를 풍성하게 만드는 청지기와 같은 존재임을 잊어서는 안 됩니다.

> **하나님이 이르시되 우리의 형상을 따라 우리의 모양대로 우리가 사람을 만들고 그들로 바다의 물고기와 하늘의 새와 가축과 온 땅과 땅에 기는 모든 것을 다스리게 하자 하시고**(창 1:26).

해설 세상의 어떤 동물도 하나님의 형상대로 창조된 존재는 없습니다. 오직 사람만이 하나님의 형상대로 창조되었고, 그래서 하나님과 대화할 수 있고, 하나님처럼 자유의지도 가질 수 있는 것입니다. 즉 우리는 하나님께 순종할 수도 있고, 하나님을 배반할 수도 있는 자유의지를 가진 존재로 창조된 것입니다.

또한 우리가 하나님의 형상대로 창조되었다는 것은 하나님을 대신하여 이 땅에 창조된 여러 존재들을 잘 보살필 의무가 있다는 것입니다. 양을 보살피는 목자는 양들이 위험에 빠지지 않고 좋은 것들을 먹을 수 있도록 멋대로 가지 않고 자신들의 명령에 순종할 것을 요구합니다. 마찬가지로 다스린다는 것은 세상의 지배자처럼 폭력적으로 억압하는 것이 아니라, 하나님의 방식으로 섬기는 것을 의미합니다.

Q3. 그래요, 아담과 하와는 하나님이 창조하셨다고 칩시다. 그렇지만 저는 부모님이 낳아 주셨는데요. 이걸 창조라고 할 수 있나요?(렘 1:5, 엡 1:4-5)

답 하나님은 내가 잉태되기 전부터, 창세전부터 나를 아셨고, 선택하셨고, 나에 대한 계획을 가지고 계셨습니다. 하나님의 계획에 따라 우리 부모를 통해 내가 태어난 것이며, 나의 유전자 설계도는 하나님이 이미 계획하고 계셨습니다.

> 내가 너를 모태에 짓기 전에 너를 알았고 네가 배에서 나오기 전에 너를 성별하였고 너를 여러 나라의 선지자로 세웠노라 하시기로(렘 1:5).

> 곧 창세전에 그리스도 안에서 우리를 택하사 우리로 사랑 안에서 그 앞에 거룩하고 흠이 없게 하시려고 그 기쁘신 뜻대로 우리를 예정하사 예수 그리스도로 말미암아 자기의 아들들이 되게 하셨으니(엡 1:4-5).

해설 비행기를 만드는 설계자를 생각해 보세요. 설계자는 비행기가 만들어진 후에 "내가 만들고 싶은 것이 나왔다"고 말하지 않을 것입니다. 설계자는 비행기가 만들어지기 전부터, 설계도를 그리기 전부터 이미 그 마음에 그 비행기가 있었습니다. 어떤 목적으로, 어떤 기능을 가진 비행기를 만들어야겠다는 것이 마음에서 정해져야 그것에 따라 설계도가 그려지고, 설계도에 따라 비행기가 만들어지는 것입니다.

이처럼 하나님의 마음에 있는 우리 각자가 하나님이 각자의 창조 목적에 맞는 유전자 설계도를 계획하셨고, 하나님의 때에 우리 부모를 통해 그 설계도를 가지고 태어나는 것입니다.

Q4. 하나님이 나를 창조하셨다면, 내가 이 세상에서 사는 목적은 무엇일까요?(엡 1:4-5, 마 22:37-40)

답...... 앞의 질문에 대한 답변에서 언급했듯이, 각자 독특한 하나님의 창조 목적을 이루는 것입니다. 또한 하나님은 우리 모두가 예수님처럼 거룩하고 흠 없는 하나님의 아들이 되는 것이 우리를 창조하신 목적이라고 에베소서를 통해 말씀하셨습니다.

그런데 이것은 바로 예수님이 말씀하신 두 가지 계명과 같습니다. 먼저, 거룩하고 흠 없는 하나님의 아들이 되는 것은 하나님을 사랑할 수 있는 존재가 되는 것입니다. 또한 예수님은 우리가 사랑받고 사랑하는 존재로 창조되었다고 말씀하셨습니다.

> 예수께서 이르시되 네 마음을 다하고 목숨을 다하고 뜻을 다하여 주 너의 하나님을 사랑하라 하셨으니 이것이 크고 첫째 되는 계명이요 둘째도 그와 같으니 네 이웃을 네 자신같이 사랑하라 하셨으니 이 두 계명이 온 율법과 선지자의 강령이니라 (마 22:37-40).

해설...... 우리 모두는 하나님을 사랑하는 존재이고, 또한 이웃을 사랑하며 한 공동체를 이루는 존재입니다. 그런데 우리가 이런 사랑을 하기 위해서는 나 자신도 사랑해야 합니다. 나 자신을 사랑하지 못하는 사람은 다른 사람을 사랑하기 어렵습니다.

나 자신을 사랑한다는 것은 하나님이 설계하신 그대로의 나의 모습을 사랑한다는 것입니다. 남자로 태어났으면 남자로서의 자신을 사랑하고, 여자로 태어났으면 여자로서의 자신을 사랑하는 것입니다. 다른 사람과 비교해 열등감을 가질 필요가 없습니다. 모두가 독특한 존재로 태어났기 때문입니다. 즉 우리 한 명 한 명은 독특한 하나님의 창조 목적을 가지고 각각 태어난 것입니다.

Q5. 그러면 하나님은 아담과 하와, 딱 두 명, 그러니까 한 부부만 창조하셨는데, 어떻게 황인, 흑인, 백인 등 다양한 인종들이 생긴 걸까요? 아담은 어떤 피부색을 가졌을까요? 각각의 인종이 셈, 함, 야벳의 후손인 거죠?(창 6:9-10)

답...... 피부색에 따라 인종을 나누는 것은 전혀 과학적인 근거가 없습니다. 인종에 따른 유전적인 차이가 없기 때문입니다. 다양한 인종은 사람의 피부색이 다양해질 수 있기 때문에 생긴 현상일 뿐이며, 어떤 피부색을 가지더라도 모든 사람은 아담과 하와의 후손이고, 한 형제와 자매입니다. 따라서 피부색에 따라 사람을 차별하는 것은 잘못된 것입니다.

그러므로 아담이 어떤 피부색을 가졌냐는 질문은 "아담의 키가 몇 센티미터인가?"라는 질문과 다를 바 없습니다. 아담의 키가 얼마인지와 상관없이 다양한 키를 가진 자손들이 나오듯, 아담의 피부색과 상관없이 다양한 피부색의 후손들이 나왔습니다. 그렇기 때문에 노아의 세 아들 셈과 함과 야벳의 후손이 각각 황인, 흑인, 백인을 대표할 것이라는 생각은 잘못된 것입니다.

> 이것이 노아의 족보니라 노아는 의인이요 당대에 완전한 자라 그는 하나님과 동행하였으며 세 아들을 낳았으니 셈과 함과 야벳이라(창 6:9-10).

해설 1987년 〈네이처〉(Nature) 학술지에 모든 여성은 한 여성의 후손이라는 연구 결과가 나왔고, 1995년에는 〈사이언스〉(Science) 학술지에 모든 남성도 한 남성의 후손이라는 연구 결과가 발표되었습니다. 이미 성경에 기록된 대로 한 쌍의 부부로부터 모든 인류가 나온 것입니다.

또한 인종 간의 유전적 차이를 구별하려고 시도된 연구들을 통해 각 개인의 차이가 훨씬 크며, 인종 간의 차이는 의미가 없다는 것을 알게 되었습니다. 그리고 한 부모로부터 흑백 쌍둥이가 태어나는 사례는 매우 많습니다. 즉 피부색을 통해 사람들 간에 인종의 차이가 있다고 말하는 것은 허황된 주장이라는 것을 알 수 있습니다. 성경 말씀대로 모든 민족이 한 혈통이며(행 17:26), 모두가 구원받아야 할 사람입니다.

Q6. 사람들은 한 부부의 후손들이 생육하고 번성하면서 다양한 피부색을 가지게 되었군요. 그러면 동물들은 어떻게 다양해진 것인가요? (창 1:21, 24)

답 ...... 바다의 생명체, 땅의 생명체, 날아다니는 생명체 등 모두 종류대로 하나님이 다양하게 창조하셨습니다. 또한 생육하고 번성하면서 종류 안에서 다양해졌습니다. 다윈은 갈라파고스 군도에서 다양한 생명체들을 관찰하고, 환경에 의해 이런 다양성이 생긴 것으로 오해해 진화론을 정립하게 된 것입니다. 그러나 다양성은 하나님의 창조 질서일 뿐입니다.

해설 ...... 과학자들은 다양한 생명체가 서로 얼마나 가까운지, 먼지를 알기 위해 "생물분류법"을 개발했습니다. 생물분류법은 "종-속-과-목-강-문-계"의 틀로 생명체를 분류합니다. 그리고 생명체 분류의 기본 단위를 "종"이라고 생각했습니다. 그렇기 때문에 다양한 종들은 진화의 증거라고 믿었습니다. 그러나 생명체 분류의 기본 단위는 "종"이 아니라 "과" 단위라는 것을 최근 과학자들은 인정하기 시작했습니다. 그것은 유전자 변형 생명체의 기준을 정하면서 어느 정도까지 멀어야 유전자 변형이라고 정의할 것인지에 대하여 결론을 내렸기 때문입니다.

하나님이 창조하신 "종류"는 대략적으로 "과" 단위와 유사할 것이지만, 반드시 그렇지는 않습니다. 왜냐하면 생명체 분류 체계도 진화론의 영향을 받아서 만들어졌기 때문입니다. 예를 들어, "사람과" 내에는 사람, 고릴라, 침팬지, 오랑우탄이 모두 포함되어 있습니다. 이런 분류 체계를 기준으로 유전자 변

형 생명체를 정의한다면, 사람에게 고릴라의 유전자를 넣어도 유전자 변형 생명체가 아닌 자연스러운 다양성이라고 해야 할 것입니다. 이런 말도 안 되는 현상이 일어난 것은 사람을 억지로 고릴라, 침팬지, 오랑우탄과 가까운 동물인 것처럼 만들고자 하는 진화론적 믿음 때문입니다.

Q7. 진화론이 과학적 사실이 아니라면, 왜 우리는 학교에서 진화론만 배우나요?

답 과학의 정의 자체가 잘못되어 있기 때문입니다. 과학은 물질세계만을 가르쳐야 하고, 초월적인(종교적인) 내용은 가르치면 안 된다고 믿기 때문입니다. 다시 말해, 하나님의 창조는 하나님에 대한 믿음을 전제하는 것이기 때문에 과학에서 가르칠 수 없다고 주장합니다. 솔직한 진화론자들*은 다윈의 진화론이 과학적 근거가 없다는 것을 알고 있습니다. 사실 진화론 자체도 계속 변화하고 있습니다.

해설 19세기에 등장한 진화론이 교육과 과학 등 세상을 지금까지 지배하고 있는 것은 이미 오래전 14-15세기부터 인본주의 시대가 열렸기 때문입

---

* 진화론의 과학적 증거를 제시할 수 없는 과학자들은 계속 새로운 진화이론을 제기합니다. 예를 들어 2014년 앨런 베넷(Alan Bennet)은 《Evolution Revolution》(진화 혁명)이라는 책을 통해 진화는 기존 주장된 돌연변이와 자연선택이 아니라, 자기조립(self-assembly)으로 진화된 것이라고 주장합니다. 솔직한 진화론 과학자라고 해서 진화론을 부정하는 것이 아니라, 진화론을 뒷받침할 과학적 근거가 없음을 인정하고 새로운 이론을 제시하는 사람들입니다. 또 다른 예로는 유명한 스테판 굴드(Stephen Jay Gould) 박사가 있는데 그는 진화를 보여 주는 화석의 증거가 없음을 인정하고, 진화는 일어났지만 화석으로는 남지 않았다는 단속평형 이론을 주장했습니다.

니다. 14세기 중세가 무너지고 하나님 대신 세상과 인간을 설명할 수 있는 다른 대안이 필요했고, 그렇기 때문에 하나님 대신 인간을 중심으로 모든 것을 설명하는 인본주의가 대두된 것입니다. 그러나 인간의 어떤 측면이 하나님을 대신할 수 있는지에 대해 사람들을 설득하기는 어려웠습니다.

그런데 16세기부터 17세기에 이르는 과학혁명의 시대를 통해 사람들은 과학의 위대함을 깨닫게 되었습니다. 코페르니쿠스, 케플러, 갈릴레오, 뉴턴 등 그리스도인 과학자들에 의해 이루어진 놀라운 업적을 인본주의자들이 보고, 인간의 이성과 과학이 하나님을 대신할 수 있다는 계몽주의를 탄생시켰습니다. 그러나 계몽주의에서 질서는 설명할 수 있어도 "어떻게 시작되었는가?"는 설명하지 못했습니다.

19세기 다윈의 《종의 기원》을 통해 바로 시작에 대한 문제가 해결된 것입니다. 그렇기 때문에 이미 인본주의와 계몽주의가 지배하고 있던 시대에 진화론을 통해 인본주의가 더 강화된 것입니다. 이들은 하나님 없이 모든 것을 설명해야 한다고 주장하고, 과학은 하나님 없이 물질세계를 설명하는 것이라고 주장합니다.

그렇지 않습니다. 과학은 하나님의 창조 질서를 드러내는 것이며, 과학 지식이 많아지면 많아질수록 너무나 질서가 오묘하고 정교하다는 것을 알게 됩니다. 또한 세상에는 과학으로 설명할 수 없는 수많은 것이 있습니다. 과학이라는 도구로 하나님을 부정하는 것은 어리석은 것입니다.

Q8. 성경은 유대인들의 경전 아닌가요? 왜 우리도 성경을 믿어야 하나요?(롬 3:29)

답 ...... 하나님은 유대인의 하나님이실 뿐 아니라, 우리 모두의 하나님이시기 때문입니다.

> 하나님은 다만 유대인의 하나님이시냐 또한 이방인의 하나님은 아니시냐 진실로 이방인의 하나님도 되시느니라(롬 3:29).

그래서 바울은 할례자(유대인)와 무할례자(이방인) 모두 믿음으로 구원받는 복음을 가르칩니다. 구원은 율법이 아닌 그리스도를 믿음으로 우리 안에 주어지지만, 구원받은 이후의 삶은 법을 지키는 것보다 더 수준 높은 삶을 사는 것입니다. 성도는 주님 앞에 서는 그날까지 값없이 주신 하나님의 의를 붙들고 자신의 존재와 삶으로 하나님의 말씀에 순종해야 합니다. 그러면 그것이 기쁨이 됩니다.

해설 ...... 유대인들은 자신들이 하나님의 선택받은 특별한 민족이라고 자부했지만, 사실 유대 민족은 아브라함의 직계 후손들로만 구성된 사람들이 아닙니다. 야곱의 후손들이 모세의 지도 아래 이집트를 탈출할 때 야곱의 후손들뿐 아니라 하나님을 따르고자 하는 많은 다양한 민족들이 함께 참여했습니다.

> 수많은 잡족과 양과 소와 심히 많은 가축이 그들과 함께하였으며(출 12:38).

이들 다양한 민족들은 모두 이스라엘 열두 지파에 속해서 함께 가나안 땅을 정복하는 이스라엘 민족이 된 것입니다.

하나님이 아브라함과 이삭과 야곱을 통해 이스라엘 민족을 일으키실 때 다양한 민족들이 함께 이스라엘 민족이 되도록 하셨다는 것은 무슨 의미일까요? 이스라엘 민족의 정통성은 혈연적인 것이 아니라, 하나님이 행하신 출애굽의 역사적 경험을 공유하는 사람들로 이루어지도록 하신 것입니다. 그렇기 때문에 하나님은 출애굽의 역사를 후손들에게 가르치라고 강조하셨던 것입니다. 이스라엘의 정체성은 바로 출애굽의 역사를 공유하는 데 있기 때문입니다.

또한 예수님이 이스라엘 민족 가운데 태어나신 것은 이스라엘 민족만을 위한 것이 아니라, 하나님의 약속에 따라 모든 민족을 구원하시기 위해 이스라엘 민족이 선택된 것일 뿐입니다. 따라서 예수 그리스도를 통한 구원의 소식을 공유하는 사람들이 진정한 하나님 안에서 새로운 교회 공동체가 되는 것입니다.

Q9. 예수님만 잘 믿으면 구원받는 거죠? 창조를 믿는 것도 중요한가요? 복음과 창조는 어떻게 연관되는 것인가요?(행 17:22-31)

답 ...... 복음은 예수님을 믿고 우리가 구원받는 것인데, 왜 우리가 구원받아야 할 존재인지를 창조신앙이 가르쳐 줍니다. 그래서 바울은 예수 그리스

도의 복음, 즉 그분의 부활을 증거하기 위해 정교하게 논리를 전개합니다. 즉 하나님이 어떤 분이신지, 사람이 어떤 존재인지(내가 어떤 존재인지), 왜 회개해야 하는지 등을 이야기하고, 마지막에 주님의 부활을 증거합니다. 그것은 유대인들은 창조주 하나님도 알고, 예수님도 알지만, 이방인들은 하나님에 대하여서도, 예수님에 대하여서도 알지 못하기 때문입니다.

예수님의 죽음과 부활의 의미를 바로 전달하기 위해서는 먼저 하나님에 대하여, 사람에 대하여, 회개에 대하여, 심판에 대하여 알아야 하기 때문입니다. 따라서 창조를 모르면 복음을 제대로 이해할 수 없습니다.

해설 ...... 바울은 복음을 들을 준비가 전혀 안 되어 있는 아테네에 있는 사람들에게 복음을 증거할 기회를 가집니다. 신기한 것을 듣기 좋아하는 사람들이 바울이 전하는 부활에 대하여 듣기 위해 바울을 불렀기 때문입니다. 당연히 바울의 정교한 논리도 들을 귀가 없는 사람들에게는 들리지가 않아 소수의 사람들만이 복음에 반응합니다. 그러나 바울의 정교한 논리를 통해, 그리스도의 복음을 받아들이기 위해 창조신앙이 얼마나 중요한지를 알 수 있습니다(행 17:22-31).

바울은 사람들이 생각하는 것처럼 신께 우리가 무엇인가를 바쳐야 하는 것이 아니라, 하나님이 모든 것을 창조하시고 우리의 필요를 채워 주시는 분이라는 것을 선포합니다. 또한 황제, 귀족, 노예가 있던 시대에, 사람은 한 혈통으로부터 나왔다고 담대히 선포합니다. 그렇기 때문에 창조주 하나님을 모르

고, 인간들 사이에 계급을 만든 잘못을 회개해야 하며, 그렇지 않으면 공의의 심판에서 벗어나지 못할 것이라고 말합니다. 바울은 예수 그리스도의 죽음과 부활을 통해 자신의 선포가 증명되었다고 말합니다.

이처럼 복음을 이해하기 위해서는 창조를 먼저 바르게 알아야 합니다. 놀랍게도 진화론은 바울의 다섯 가지 선포를 모두 반대합니다. 진화론은 창조는 없다, 하나님은 없다고 주장합니다. 진화론은 인간은 하나님의 자녀가 아니라 물질과 동물로부터 진화되었으며 우열이 있다고 주장합니다. 진화론은 하나님보다 진화론 과학을 더 높이 세우는 우상 숭배를 하고 있습니다. 진화론에 강력한 영향을 받은 사람들은 하나님의 창조가 역사적 사실이 아닌 신화라고 하며, 예수님의 죽음과 부활도 거짓이라고 주장합니다.

진화론은 창조를 부인하고 복음을 거부합니다. 그러나 창조를 진정 믿으면 주님의 부활도 재림도 믿을 수 있습니다. 성경의 초월적 사건들을 믿는 것도 너무나 쉽습니다.